Exposition Universelle de 1900

Liv. I.

LES PALAIS DES BEAUX-ARTS

Architecture et Sculpture

M. GIRAULT, Architecte

MM. DEGLANE, LOUVET, THOMAS
Architectes

Armand GUÉRINET
LIBRAIRE
ÉDITEUR DES MUSÉES NATIONAUX
140, faubourg St-Martin
PARIS

Le petit Palais des Beaux-Arts
M. GIRAULT, Architecte. — Détail de la grande porte principale

AR. GUÉRINET, Éditeur, Faubourg Saint-Martin, 140, Paris.

Le petit Palais des Beaux-Arts
M. GIRAULT, Architecte. — Détail de la façade

Ch. GUÉRINET, Éditeur, Faubourg Saint-Martin, 140, Paris.

Le petit Palais des Beaux-Arts
M. GIRAULT, Architecte. — Détail de la façade

AR. GUERINET, Éditeur, Faubourg Saint-Martin, 140, Paris.

Le petit Palais de Beaux-Arts

M. GIRAULT, Architecte. — Colonnade du Jardin

AR. GUÉRINET, Éditeur, Faubourg Saint-Martin, 140, Paris

Le petit Palais de Beaux-Arts
M. GIRAULT, Architecte. — Colonnade du Jardin

Le petit Palais des Beaux-Arts
M. GIRAULT, Architecte. — Couronnement de la porte d'entrée sur le Jardin

Le petit Palais des Beaux-Arts
M. GIRAULT. Architecte. — Grille, façade postérieure

Le petit Palais des Beaux-Arts
M. GIRAULT, Architecte. — Sous-sols, piliers

Exposition Universelle de 1900
LES PALAIS DES BEAUX-ARTS
Architecture et Sculpture
M. GIRAULT, Architecte
MM. DEGLANE, LOUVET, THOMAS
Architectes
Armand GUÉRINET
LIBRAIRE
ÉDITEUR DES MUSÉES NATIONAUX
140, faubourg St-Martin
PARIS

www.ingramcontent.com/pod-product-compliance
Lightning Source LLC
LaVergne TN
LVHW010315230826
846091LV00009B/3663

9782016124000